b⁵⁵ 687

UN MOT

SUR

NOTRE FORME POLITIQUE

Aux Électeurs du Département de l'Hérault.

Je ne viens pas, mes chers concitoyens, vous demander vos suffrages d'élection à l'Assemblée Législative. Je ne saurais y prétendre, sans le secours de cette brigue qui sollicite et emporte le prix de l'habileté, source de tant de méprises sur les hommes et par suite de tant de mécomptes dans les choses, sans l'emploi de ces manœuvres qui donnent à l'ambition la plus noble dont un cœur puisse être animé, le caractère de l'intrigue et de la vanité. Éloigné de ma ville natale, inconnu, n'ayant pas entrepris de réparer les torts de l'absence, je me fais justice : je réprime en moi ces vains désirs qui pourraient me pousser aussi à m'offrir, sans droits acquis, au choix de mes concitoyens, à augmenter la confusion toujours trop grande des noms qui sont prononcés autour de l'urne électorale. La candidature, pour être honorable, doit constituer l'état de celui que désigne la voix publique à l'Assemblée Nationale et non

1849

de celui qui vient s'offrir. Le désintéressement, la qualité essentielle du mandataire du peuple, ne s'allie guère à l'orgueilleux égoïsme de l'homme qui se pose lui-même comme prétendant à la représentation. Ne pouvant aspirer à l'honneur d'être appelé, je m'estimerais assez heureux de contribuer à un résultat favorable des élections dans notre département.

Jamais difficulté ne fut plus grande de dire quels sont les hommes dignes aujourd'hui d'une pleine confiance. Au milieu de tout ce bruit confus d'avis contraires, d'acclamations insensées, de cris sauvages qui s'élèvent dans le champ de l'inconnu, quelle voix peut avoir le mérite de se faire entendre ? lorsque tout porte le cachet du doute et de l'instabilité ; lorsque la déconsidération a atteint ce qui paraissait digne de l'estime publique ; après le spectacle de tant de chutes inattendues, de tant d'élévations plus surprenantes encore : après tant de funestes exemples de faiblesse et de violence, de corruption et de suggestions criminelles, d'oubli de la véritable vertu et de l'hypocrite emprunt de son masque, où trouver la lumière capable de percer l'obscurité qui s'est faite autour de nous ? Où trouver l'accent, l'inspiration d'une parole qui porte la persuasion dans les cœurs ?

Dans la source éternelle de tout bien, dans la vérité.

Quand les institutions d'un peuple font naufrage, tout n'est pas perdu, si parmi les débris de la sagesse humaine qui surnagent, il est le plus précieux de tous, l'amour de la vérité. Retirons des flots ce débris avec un soin religieux, car avec lui nous pourrons réparer toutes nos pertes.

Pour ceux qui envisagent avec calme la situation actuelle, le trait sensible qui les frappe est le mouvement irréfléchi des esprits vers les coalitions ; il caractérise un besoin de se concerter, de se liguer en vue des élections prochaines, sous l'empire de la crainte, par un instinct de conservation contre des dangers, que beaucoup de gens voient dans l'air, à l'horizon, sous leurs pieds, partout. La concentration des forces est une chose bonne en soi, lorsque la réflexion y préside. Mais l'exagération qu'on se fait de périls redoutés peut en faire naître de nouveaux non moins à craindre.

Partout il se forme des associations, des communautés ayant chacune son drapeau, ici déployé, là caché aux regards. L'alliance des hommes de la rue de Poitiers domine la situation ; elle doit avoir une grande influence sur les destinées de la France. Le manifeste de cette société, signé par tant d'hommes considérables, dans des partis différents, est l'acte le plus important du moment, sous quelque aspect qu'il soit considéré, qu'il soit regardé comme d'un heureux ou d'un malheureux présage. Le point délicat de la question qu'il soulève, est de savoir s'il est l'expression, comme on l'a déjà dit, d'une pensée de sincère conciliation ou d'une habile coalition. J'avoue que j'ai longtemps examiné ce manifeste, que je l'ai médité, que je l'ai sondé avec une grande anxiété d'esprit. J'ai pensé d'abord qu'il n'y avait rien de bon à attendre d'un mélange de ferments de discorde, sans un principe puissant entre eux d'intime union. J'y voyais incontestablement les avantages présents d'une association de forces contre l'ennemi redoutable qui attaque la société, mais j'y voyais aussi des dangers à venir pour la France. L'entière conviction où j'étais de ces dangers, des malheurs incalculables qui menaçaient notre pays, en supposant une arrière-pensée à chacun des partis coalisés dans une manifestation d'une apparence aussi conciliante, est devenue pour moi l'impérieuse raison qui a dissipé mes craintes. Les noms honorables des hommes qui proclament le besoin de l'union m'ont inspiré de la confiance. De tels hommes n'ont pu être animés que d'un généreux sentiment, en assumant sur leur tête une responsabilité si grande. Répondons avec abandon à leur appel. Rappelons-nous que c'est la méfiance qui a amené les excès de notre première Révolution. Je suis aujourd'hui ce que j'étais le lendemain de la Révolution de Février ; épris du beau idéal de la République, mais ne la croyant possible qu'avec la pratique des vertus républicaines. Puisque des hommes élevés à un degré si éminent, dont les divisions étaient éclatantes, donnent l'exemple de la concorde et de l'abnégation, ce n'est plus la chimère d'un bien irréalisable que j'embrasse, c'est l'espérance d'une prospérité prochaine que promet à notre République naissante leur complète adhésion.

Les amis de l'ordre veulent conjurer l'orage qui se forme contre la société ; mais ils veulent, sans doute, aussi guérir le mal profond qui ronge la France. Il ne suffit pas que les habitants d'une ville attaquée défendent leurs remparts, fassent une sortie et repoussent l'ennemi, si en rentrant ils se battent entr'eux ; il ne suffit pas de laver une plaie, de la préserver à l'extérieur de toute souillure, si on ne détruit pas le vice interne. Sans doute, c'est la première condition du salut de la ville, de la guérison de la plaie : il faut, au jour d'un grand danger, savoir se rallier et combattre, sans cela la ville serait prise et saccagée ; il faut déterger la plaie, la garantir de toute atteinte, sans cela la gangrène s'y mettrait. Mais on aura peu fait encore, tant que la guerre intestine ruinera la cité, tant que l'altération du sang entretiendra l'ulcère.

L'esprit du manifeste de la rue de Poitiers, est celui d'une conciliation véritable. Le cri : la société est en danger, a retenti dans les villes et les campagnes. Que les défenseurs de la propriété et de la famille s'enrôlent et forment une armée nombreuse. Mais c'est au nom de la France qu'on doit déposer les haines et se dépouiller de toute ambition personnelle ; c'est à ce nom si cher qu'il faut rendre toute sa puissance. Qu'on en fasse le cri de la grande confédération , le ralliement de tous les cœurs qui l'aiment.

Après tant de révolutions, où les divers partis qui divisent notre malheureux pays ont tour à tour tant possédé et tant perdu , où le bien et le mal se sont faits par l'empire de la force, la sincère réconciliation ne peut s'opérer sans de grands sacrifices.

On veut rétablir l'ordre en France ; on veut qu'il règne dans sa double acception d'ordre moral et d'ordre matériel. L'ordre est la conséquence d'un principe dans les institutions , il n'est pas le principe lui-même. Le seul principe aujourd'hui , d'où puisse découler l'ordre est celui de la souveraineté du peuple, admis comme dogme par tous les partis. Cette souveraineté peut dans son exercice prendre diverses formes. L'adhésion générale à une forme établie du gouvernement, l'assentiment, sanction souveraine de la nation, voilà le principe d'ordre dégagé de toute fiction , de l'ordre dans toute sa signification,

L'adhésion à la forme républicaine est-elle aujourd'hui réelle ? Telle est la question essentielle qu'il faudrait résoudre pour savoir si les conditions d'ordre existent en France. L'assentiment est donné à un gouvernement par sympathie ou par raison. La France dans ses vœux est-elle républicaine ou monarchique ? Question ardue, dont la solution ne saurait diviser le parti modéré, mais l'affermir plutôt dans une communauté véritable de sentiments, dans une unique direction vers un but bien déterminé. Les doutes, les regrets inutiles, les espérances vagues ne servent qu'à fatiguer l'esprit par une inquiétude inactive. Pour combattre de terribles réalités, plaçons-nous sur le terrain des faits et non dans le domaine des rêves ; débarrassons-nous d'abord des fantômes qui nous assiègent. C'est ce que je me suis efforcé de faire pour mon compte. Malgré le difficile accès de la question, j'ai tenté de l'aborder au risque d'épuiser vainement mes forces à gravir ses escarpements. L'effet produit sur moi par les déplorables événements survenus depuis le 24 février m'avait fait sentir le besoin de fortifier ma conviction chancelante. Je ne dirai pas que j'aie trouvé, dans la recherche de la vérité, la lumière d'une foi bien vive, mais assez de lueur pour éclairer ma conscience. Pratiquez, dit-on, et la foi viendra. Anticipant sur l'examen de la question, j'en énoncerai dès à présent la proposition principale qui en est devenue en quelque sorte la conclusion : il est permis de douter que les Français aient les qualités propres à la République, mais il me paraît démontré que leurs défauts, leurs fautes et le vice originel de la monarchie constitutionnelle en France ont rendu à jamais cette dernière forme politique bien difficile, sinon impossible.

Je crois que la France est aujourd'hui ce qu'elle s'est montrée en 1789. Quels que soient les enseignements que l'on veuille tirer des faits prodigieux qui se sont produits depuis cette époque, on doit bien reconnaître qu'il avait fallu 13 siècles pour former la situation dans laquelle elle se trouvait, au moment de la révolution, et que ce n'est pas une expérience d'une soixantaine d'années qui ait pu changer beaucoup ses instincts et ses idées.

Pour savoir donc ce que veut notre pays, quel est le but qu'il poursuit, quelles sont les espérances qu'il nourrit ; pour découvrir ce qu'il a de plus intime en lui-même, je m'en rapporterai volontiers aux manifestations qui ont éclaté au grand jour en 1789, où il est plus facile de le reconnaître que dans l'expression confuse de l'opinion publique de nos jours.

La vie politique de la France commençait alors; il y avait en elle cette nouveauté d'impression, ces illusions qui accompagnent les premiers pas, auxquelles ont succédé de tristes déceptions. L'esprit public, cette puissance nouvelle qu'on vit grandir si rapidemeut, était dans toute son expansion. La passion de la loi, la passion de l'égalité, et toutes les nobles passions qui avaient leur source dans l'amour de la patrie, débordaient avec la force, la majesté d'un beau fleuve dont les eaux ont grossi dans leur lit trop étroit et franchissent leurs digues. Dès que la publicité put lever le voile qui couvrait en France les idées,

ou vit la merveilleuse lueur qui depuis longtemps l'éclairait intérieurement, brillant reflet
de ces vives lumières qu'avaient répandues les
œuvres littéraires du siècle de Louis XIV, les
œuvres philosophiques du siècle suivant. Les pu-
blications de ces premiers jours de la révolution
respiraient l'espoir, la bonne foi, la confiance,
la candeur d'opinion qui étaient dans les cœurs.
Aujourd'hui l'esprit public ne se manifeste pas
avec cette sincérité. Les mille voix de la presse
en altèrent le sens. Pour conduire l'opinion on
emploie l'adresse, la ruse, on fait de la tactique,
de la controverse systématique; on ne sait plus
où trouver la vérité, on ne sait plus déceler dans
cette polémique des partis pleine de subtilité,
de passion et d'artifice, quelle est la véritable
opinion publique. J'ai la conviction qu'après
les diverses phases de la révolution, la France,
la masse de la Nation, est restée ce qu'elle était
à l'origine de sa rénovation. Sa physionomie
est peut-être changée; il y a en elle des signes
de méfiance et de contrainte que produit l'é-
preuve de la vie politique; mais je crois encore
à son bon sens, à son honnêteté. Nous sommes
bien les fils de ceux qui ont proclamé les premiers principes de la Révolution française; nous
les avons sucés avec le lait. Prodigues, à certains égards, de l'héritage paternel, nous n'en
avons pas aliéné le fonds. Bien des branches de
l'arbre immortel que nos pères ont planté, à

l'ombre duquel nous sommes nés, nous avons grandi, se sont desséchées au souffle de nos discordes, mais le cœur est resté sain ; une sève abondante y circule encore, il n'attend que des mains habiles et pures qui sachent l'émonder, pour refleurir et porter des fruits. La France a parcouru le cercle de ses expériences, tantôt douloureuses, tantôt pleines d'éclat et de gloire; elle est revenue aujourd'hui, dans ses vœux du moins, au point de départ, mais sans pouvoir réaliser peut-être ce qu'elle désire. Semblable à ces sculpteurs qui, à force de modifier leur idée première, usent le métal et ne peuvent plus la reproduire.

Au début de la révolution, deux dispositions contraires du pays se montrent à l'égard de la royauté et de la noblesse; elles se révèlent avec ardeur dans les premiers actes de l'Assemblée Constituante, avec plus d'éclat encore dans les manifestations de l'opinion publique : un sentiment de respect et d'attachement pour la royauté, un sentiment d'aversion et de vengeance contre la noblesse. On veut conserver la royauté et détruire la noblesse; et la ruine de celle-ci devait entraîner la ruine de la première. D'où vient cette différence de sentimens, pour ces deux éléments nécessaires de la monarchie, que les peuples confondent ordinairement dans une même affection ou dans une même haine? Les sentiments des peuples ont des racines profondes. Ce n'est pas le caractère de bonté de Louis XVI, ce ne sont pas les fautes premières de la noblesse, qui peuvent justifier, clairement expliquer envers eux, des dispositions si opposées. Les causes en remontent plus haut dans l'histoire de la France, aux sources mêmes de la nation. Les symptômes de la révolution qui commençait, n'étaient que les signes patents d'une révolution déjà faite.

En 89, la royauté était un pouvoir absolu, qui s'était établi sur les ruines de la féodalité. Sous le régime féodal, le titre de roi n'exprimait pas la puissance; cependant il présentait aux esprits l'idée d'une supériorité déchue qui n'avait besoin que de la force, pour reprendre tout son empire. Les populations gémissaient sous la tyrannie des seigneurs. Les rois sans autorité s'appuyèrent sur ces populations asservies qui les suppliaient d'être leur recours; poussés par leurs propres nécessités, ils prirent en main les intérêts des habitants des fiefs; pour accroître leur puissance, ils s'en firent les défenseurs, et leur accordèrent comme gages de leur protection, quelques garanties de leurs droits, jetant ainsi les premiers fondemens d'une force publique dans l'Etat. A mesure que le pouvoir royal s'étendit, le déplorable usage des apanages, les guerres de religion qui trouvaient des causes d'excitation dans le démembrement de la France, accablèrent le peuple de maux. Il n'avait d'espoir de soulagement que dans l'établissement d'une force centrale, capable d'anéantir toute autorité rebelle, et de donner à la France le repos. On voit donc, les rois et le peuple, chacun pour arriver à ses fins, poursuivre la même pensée de la souveraineté d'un seul, jusqu'à ce qu'il ne reste des grands que des individualités brillantes, de beaux noms pour servir d'ornement au trône, jusqu'à ce que l'aristocratie féodale n'ait plus la force d'engager le peuple malgré lui dans ses querelles, jusqu'à ce que les derniers débris d'un régime, dont le souvenir lui est odieux, soient anéantis.

L'absolutisme de Louis XIV est devenu la plus haute expression de cette pleine autorité que le peuple, avec ses instincts d'égalité, a appelée réellement de ses vœux. Il ne reste plus rien de la féodalité ; il n'y a que des nobles à la cour, dont la présence rehausse la splendeur de la couronne. Cette splendeur, c'est le peuple qui la paie, et la paie chèrement; mais l'autorité souveraine s'étend uniformément sur toute la France; sous elle, les inégalités sont moins sensibles : elle peut être aussi arbitraire, cependant elle est moins tyrannique que celle des seigneurs, moins irritante par l'effet de l'éloignement, moins humiliante en raison de sa grandeur; le commerce, l'industrie sont favorisés, les sciences protégées, le siècle du génie littéraire ouvre le champ au génie philosophique; le peuple grandit toujours, le jour approche où il se sentira le pouvoir de refuser à la cour le fruit de ses sueurs, pour énerver une noblesse désœuvrée. A côté de cette noblesse, qui donne de l'éclat à la royauté, brillent des hommes du peuple qui lui portent le tribut d'un mérite personnel. La faveur du trône les confond, par un goût du grand et du beau, dans un même effet de magnificence royale. Plus le théâtre où l'égalité commence sera élevé, et plus le spectacle en sera salutaire. Le privilége peut bien être donné à une classe de ceindre une épée, de s'illustrer à la guerre, on ne saurait lui donner celui du génie des lettres et de la science; mais un despotisme aveugle aurait pu chercher à étouffer le génie, et on doit reconnaître que Louis XIV, en se faisant le dispensateur de la gloire et de la fortune, a favorisé l'ascendant de la pensée et préparé l'avènement de son empire.

Après ce que j'ai dit de la royauté, il me reste peu de chose à ajouter sur le compte de la noblesse, pour expliquer la situation de la monarchie, au commencement de la Révolution. Il y a un point essentiel à constater, c'est qu'elle n'existait pas à l'état d'institution, d'élément nécessaire de la vie publique, qu'elle n'avait jamais été un corps réel d'aristocratie. Dans les conditions d'une vie de luttes continuelles entre les seigneurs possesseurs de fiefs, qui disaient tenir leurs domaines de Dieu et de leur épée, occupés sans cesse à repousser la force par la force, conditions d'isolement que les circonstances des premiers établissements, que des temps d'usurpation et de désordre leur avaient faites, il s'était formé des hommes d'une grande valeur, des hommes d'une noble fierté, d'un esprit d'indépendance, d'une vertu chevaleresque, des hommes doués de ces belles qualités qui furent longtemps l'apanage de la noblesse de France ; mais il ne s'était pas créé un corps compacte d'aristocratie dans l'état, un corps politique dont l'existence publique enfonçât ses racines dans les profondeurs de la nation. A mesure que, sous la prépondérance de la force centrale et administrative du pouvoir royal, la nation se constitua, ces hommes si hauts, qui marchaient d'abord les égaux du roi, tombèrent brisés un à un comme des armures, laissant pour l'histoire de grands renoms, mais rien qui pût perpétuer dans l'avenir la puissance d'un ordre.

Ce ne fut pas assez pour les rois d'abattre cette noblesse qu'ils redoutaient, ils voulurent l'énerver, ils voulurent la corrompre par le luxe, la ruiner pour la tenir dans leur entière dépendance. Ce fut la politique de Richelieu et de Louis XIV, politique d'égoïsme, funeste à la monarchie elle-même. Les forces vives d'une nation ne doivent jamais être perdues. Il fallait étendre l'autorité du pouvoir royal par son autorité ; il fallait que la royauté se fît plus forte que la noblesse, sans chercher à la détruire, en la dégradant, en abaissant le caractère. C'était établir le régime de l'égalité par abaissement. L'aristocratie a subi la destinée qui lui était faite. La monarchie ne se doutait pas que cette destinée était aussi la sienne ; qu'en immolant l'aristocratie elle se suicidait. On voit cette noblesse se dissoudre encore sous le règne impur de Louis XV ; elle entend l'orage qui s'élève et commence à gronder sur sa tête ; elle joue spirituellement avec la philosophie, sans y puiser l'idée de sacrifice, l'abnégation que la France va bientôt lui demander.

Les causes des dispositions malveillantes du peuple à l'égard de la noblesse étant expliquées, on comprend quelle dut être la marche de la Révolution. Le premier acte de l'Assemblée Constituante fut de faire disparaître les trois ordres ; puis elle effaça les derniers vestiges de la féodalité, elle réduisit au néant les priviléges, et pour que l'égalité fût la même dans les mots et dans les choses, elle abolit les titres de noblesse, continuant, pour ainsi dire, le système politique de la monarchie, complétant la ruine de l'aristocratie. Elle acheva bientôt son œuvre, en décrétant l'unité de l'Assemblée Nationale à une immense majorité. Elle ne pouvait avoir la pensée de créer, pour soutien de la monarchie, un corps d'aristocratie qui n'avait jamais existé. Un tel corps ne se coule pas d'un seul jet comme une roue d'engrenage dans une machine. Pour que ce corps pût conserver son influence morale dans la Révolution, y rendre son action efficace, il lui eût fallu une ancienneté d'office dans l'Etat qu'il n'avait pas ; il lui eût fallu la possession de grandes fortunes territoriales et la noblesse était à demi ruinée. Nous avons vu qu'elle n'avait établi avec la nation aucun rapport d'harmonie, d'ordre et de force, qu'elle n'avait pas vécu de sa vie, qu'elle n'avait pas fait partie, pour ainsi dire, de la même substance ; au premier effort dirigé contre elle, elle était déracinée. L'Assemblée Nationale ne pouvait pas non plus instituer une chambre haute, comme pouvoir modérateur, formée de la seule aristocratie qui dût être reconnue alors, comme aujourd'hui, de l'aristocratie du mérite, de l'intelligence ; la noblesse ne la voulait pas. Le pouvoir constituant fit ce qu'il put. La situation de la monarchie était mauvaise ; c'était l'équilibre instable de quelque chose qui monte, monte toujours, brisant ce sur quoi il s'appuie. Au premier ébranlement, la haute tour, au magnifique couronnement, devait s'écrouler. Il n'est que la puissance divine qui puisse soutenir ce qui est en haut, lorsque la base vient à manquer ; la doctrine du droit divin ne pouvait être invoquée qu'à une époque de foi religieuse ; et la philosophie dont on se faisait un jeu à la cour de Louis XV avait détruit la foi.

La révolution était ainsi achevée ; elle était sociale et politique ; il n'y avait plus de classes ; il n'y avait qu'un peuple. Mais pouvait-elle s'arrêter là ? Dès l'instant que deux pouvoirs, le pouvoir parlementaire et le pouvoir royal, deux principes, le principe démocratique et le principe monarchique, étaient mis en présence, une lutte à outrance entre eux devait commencer. Il était facile de voir que, dans le choc des intérêts passionnés, la résistance rendant l'attaque plus violente, on arriverait par un enchaînement de faits irrésistibles à la République. L'Assemblée Nationale témoignait de son attachement à la royauté de bonne foi, et elle la rendait impossible. *La République était dans les opinions*, a écrit M. Thiers, *sans être nommée, on était républicain sans le croire.* C'est-à-dire qu'il n'y avait pas accord entre la Constitution de 1791 et l'idée qui l'avait produite, qu'on avait fait une République sans la désirer, sans le savoir.

L'Assemblée Nationale avait fait la brèche à la monarchie, la multitude est montée à l'assaut. Le trône fut renversé, abandonné qu'il était par ses défenseurs qui l'eussent peut-être sauvé si, au lieu d'aller lui chercher des périls à l'étranger, ils fussent restés en France pour le couvrir de leurs corps. Une fois toutes les passions déchaînées, on a marché à grands pas dans l'anarchie sanglante. Certes, je ne veux pas porter atteinte à l'honneur de l'Assemblée Constituante. La Révolution était nécessaire pour améliorer la condition du peuple, et donner un éclatant signal du progrès à l'Europe. Jamais Assemblée Nationale n'a montré plus de patriotisme, de lumières et de dignité, plus de désintéressement et de courage. Elle a cru que la Révolution pouvait se renfermer dans le cercle qu'elle lui avait tracé. Ce fut là son erreur, erreur de cœurs généreux qui rêvent au bonheur de leur pays et qui comptent pour le réaliser sur la raison et la vertu des hommes, erreur respectable dont quelques membres de cette Assemblée devaient être fatalement plus tard les pures victimes.

Je ne fais que soulever ici le coin du voile de deuil qui couvre les malheurs de cette époque. Dans cette file d'ombres que je vois s'avancer vers l'échafaud, s'y poussant les unes les autres, à la tête de laquelle marche une ombre auguste, qui pourrait dire où finit l'immolation, où l'expiation commence ? Terrible leçon qui ne sera pas perdue pour nous !

La fermentation qu'avait excitée l'exercice de droits nouveaux, le conflit des passions, devaient produire peut-être les excès de la Révolution, sans qu'il soit nécessaire d'en accuser le vice de la Constitution de 1791. Cela est possible. Mais la monarchie constitutionnelle n'a-t-elle pas fonctionné dans des conditions qui paraissaient meilleures et les Révolutions de 1830 et de 1848, ne prouvent-elles pas que la cause de l'instabilité est aussi dans cette forme politique, parce qu'en France elle manque des éléments essentiels de son organisation ?

L'autorité se partage difficilement entre deux puissances ; dans la lutte établie entre le pouvoir héréditaire et le pouvoir électif, entre le trône et la tribune, lutte qui est de l'essence de la monar-

chie constitutionnelle, rien ne pourra préserver celle-ci de sa ruine ; elle subira tôt ou tard en France la conséquence d'une loi vicieuse. Toute chambre élective tend à se faire constituante et à établir ensuite que le pouvoir constituant est supérieur au pouvoir constitué. Le combat pourra être long ; il pourra offrir des chances diverses ; tantôt l'autorité royale l'emportera et elle se montrera despotique, tantôt la force parlementaire triomphera et elle se fera révolutionnaire. De quelque côté que soit la victoire, il y aura presque toujours du sang à étancher, et la patrie pleurera sur ses malheurs. La trêve est possible entre les deux pouvoirs, jamais la conciliation. La monarchie constitutionnelle porte dans son sein le levain des Révolutions, levain actif qui, perpétuant la discorde entre les deux puissances, est un principe de mort pour la monarchie.

Il n'en est pas ainsi, il est vrai, en Angleterre. L'existence dans ce pays des éléments propres au gouvernement représentatif démontre clairement, par le rapport de leurs fonctions, ce qui nous manque en France. L'Angleterre possède un corps d'aristocratie qui est un des organes essentiels de l'Etat, dont la formation remonte à l'origine de la nation Anglo-Normande ; corps permanent, qui a subi, selon les nécessités des temps, des modifications utiles à l'économie de la vie publique, foyer des forces directrices, dépôt des droits primitifs ; corps comparable, à certains égards, au sénat de

Rome, chargé de réduire en système les intérêts du pays, d'en transmettre l'idée et la conduite de génération en génération.

L'aristocratie a joué en Angleterre le rôle, en quelque sorte, de la monarchie en France. Elle a protégé le peuple contre l'autorité royale, qui dans toute sa puissance après la conquête de la Grande-Bretagne, était en mesure de tout soumettre à son despotisme. Le besoin de la résistance et de l'association se fit sentir de bonne heure chez les barons Normands, dans le but de défendre leur part de la conquête contre les envahissemens de la royauté. Ils formèrent entr'eux une confédération qui, s'alliant au peuple pour être plus forte, lui assura l'exercice de ses chartes, et constitua, après la lutte des intérêts divers, le gouvernement représentatif.

La monarchie constitutionnelle, ne pouvant trouver en France les sources de la vie, quelle forme politique suppléera à son défaut? Que la France soit par ses mœurs, par ses sympathies, monarchique ou républicaine, il lui faut de toute nécessité une chambre élective, un corps délibérant ayant l'initiative et la discussion des lois. Or, c'est la délibération qui sape sans cesse le pouvoir royal, fragile colonne sans le soubassement de l'aristocratie. Des esprits rebelles à la logique des faits, et qui cherchent les conditions de stabilité de la constitution dans des images, ont conçu une forme politique représentée par une pyramide,

dont la démocratie formerait la base et la monarchie le sommet. Abstractivement cette forme est
très solide, mais ce n'est qu'une figure. Comment
sceller la monarchie dans la démocratie? Plus la
base d'un corps est large, plus il est stable, sans
doute ; mais cette base n'est pas une chose inerte;
plus la base est démocratique et plus elle est mobile. Dans ses ébranlements, que deviendra le
sommet de la pyramide? Il n'est pas nécessaire, je
crois, de faire l'application de cette idée pour en
reconnaître toute l'incohérence.

Serait-ce la monarchie absolue qui conviendrait
à la France? Quelqu'un oserait-il le dire? L'empire
n'a été qu'une dictature. Pour le rendre possible,
il fallait les circonstances qui se sont présentées
si propices à son établissement. Après cette tour-
mente révolutionnaire, où les passions anarchiques
s'étaient épuisées dans les horreurs de la guerre
civile ; après le passage sanglant de cettte formidable puissance, image du destin implacable, qui,
armée du glaive d'une main, de l'autre de la loi
du salut public, pour accomplir jusqu'au bout sa
terrible mission, avait tourné le glaive contre elle-
même. L'Empire est venu, parce que dans ces
grandes guerres que la France soutenait si hé-
roïquement contre l'Europe entière, il s'était
produit un homme plus grand que César, dont le
prestige de la gloire, l'ascendant du génie ne per-
mirent pas à la France de mettre des bornes à son
admiration et à sa reconnaissance, parce que dans

cet homme extraordinaire il y avait la grandeur et la puissance d'un empereur. Napoléon a été la personnification de la France armée pour le triomphe de la révolution ; il a été sa fière épée qui a ouvert les voies à la propagation de ses idées, l'instrument de son génie de rénovation sorti pur des bouillonnements de la fournaise. Napoléon ne s'est placé si haut que pour fonder l'égalité véritable, l'égalité avec la perfectibilité humaine, avec la civilisation ; que pour pouvoir élever tous les hommes, capable de s'élever aussi lui-même du même mouvement. Météore passager, il a brillé sur la France pour faire pâlir l'éclat de sa vieille monarchie, et, après avoir tracé son sillon de lumière, il est allé s'éteindre dans l'Océan.

Aujourd'hui, que nous reste-t-il des splendeurs de la monarchie, des prodiges de force et de constance de la Révolution, des gloires de l'empire ? Il reste à la France le sentiment de sa puissance, cette magnanime pensée, que sous les rois, sous la république et sous l'empire, elle fut une grande nation ; que son sein est fécond en hommes capables de lui rendre sa force et sa grandeur ; il lui reste le fruit précieux qu'elle doit recueillir de ses labeurs, de ses prospérités et même de ses malheurs ; la confiance dans ses destinées, la confiance en elle-même.

J'ai essayé de démontrer, quels que soient les regrets et les espérances, que le temps de la monarchie en France était passé. Mais, en supposant

que la monarchie convienne au pays, n'est-elle
pas condamnée à la déchéance, Dieu sait pendant
combien d'années, par la rivalité de trois prétendants à la couronne, prétendants, sinon d'inten-
tion, du moins de position ? La question de leurs
droits, ou plutôt de leurs titres, fondés sur les
intérêts vrais de la nation, est insoluble. Il faut
voir dans l'antagonisme des trois familles, lorsque
le trône est vide, une intervention providentielle.
Il est fait à la France une situation bien difficile,
relativement à la monarchie, afin que dans l'impossibilité de choisir, de se donner à un roi, elle
reste à elle-même. C'est cette impossibilité, sans
doute, qui a frappé les hommes de la rue de Poitiers, et les a ralliés à un même drapeau, au drapeau de la République. Ils ont pensé que, sans une
unanimité de sentimens dans toute la France, il n'y
aurait que faiblesse à attendre de ses résolutions ;
que des dissidences d'opinions nuisibles, même
dans la question sociale, se traduiraient en luttes
déplorables dans la question politique ; ils ont
pensé qu'il eût été bien plus juste de soutenir la
monarchie, lorsqu'elle était debout, qu'il ne serait
aisé de la relever aujourd'hui qu'elle est tombée ;
que l'habileté fatale, qui serait capable de faire
avorter la République, ne le tenterait pas sans
précipiter la France dans d'affreux malheurs.
Mais ne craignons pas ces tentatives. Si les parti-
sans de la monarchie se réunissent sur le terrain
neutre de la République, comme ils l'appellent,

c'est qu'ils se sont transformés, c'est que la raison les a faits Républicains. Ce serait les calomnier que de dire qu'ils viennent y combattre les socialistes, et qu'après la victoire, ils en feront le théâtre de leurs discordes. Ce terrain n'est pas un sol étranger, c'est le sol de la patrie, qu'ils doivent embrasser et non ensanglanter et souiller par leur perfidie. Dans l'état de démoralisation, où se trouve notre pays, infecté qu'il est de corruption politique, les exemples de la mauvaise foi, de la trahison donnés par des hommes qui inspirent encore le respect, pervertiraient la France entière.

Mais non, les cœurs ne sont pas aussi corrompus qu'on le dit. Ils ont soif d'une eau vive et pure dont la source vienne des régions élevées. La puissance d'admiration ne paraît épuisée en France que parce qu'elle ne trouve pas les objets de son culte. Au-dessus du trône renversé il est des places réservées aux grandes vertus, aux hommes dignes de l'amour et de la vénération du peuple. Pour sauver la France, il faut que l'autorité d'une haute probité dans les hommes appelés à la gouverner pénètre dans les cœurs et commande l'estime aussi bien que l'obéissance. Je ne craindrai pas de le répéter, c'est le propre de la conviction, dussé-je faire sourire l'incrédulité. Lorsque la bonne foi brillera aux sommets de la république, dans toute sa beauté simple, dans toute sa grandeur, elle exercera son irrésistible influence. Hommes puissants dans la république par les talents et les travaux, pénétrez-vous bien d'une chose : ce ne sont pas les hommes réputés habiles qui manquent à la situation ; ce qu'il faut surtout à la France, ce sont des hommes à la droiture de cœur, des hommes qui ne transigent jamais avec leur devoir, avec leur conscience. Donnez de grands exemples d'abnégation, de réconciliation réelle, de désintéressement, et vous verrez le débordement des passions haineuses, des intérêts cupides s'arrêter, l'estime mutuelle entre les hommes renaître ; vous verrez chacun retourner sans murmure à sa tâche, l'ouvrier, si malheureux aujourd'hui avec ses déceptions, se contenter du pain gagné à la sueur de son front, ce pain que le cynisme et l'avidité des uns, les promesses trompeuses et les suggestions coupables des autres lui ont fait si amer; vous verrez les populations qui cherchent d'un regard attristé des hommes qu'elles puissent aimer se reposer enfin dans l'espoir et la confiance.

Légitimistes, vous représentez les intérêts de l'ancienne monarchie; Bonapartistes, vous faites briller à nos yeux les aigles glorieuses de l'Empire; orléanistes, vous avez voulu réunir le présent au passé et dans vos mains il s'est produit entr'eux des forces répulsives. Le présent, le passé, toutes les gloires, toutes les grandeurs, tous les intérêts ne peuvent appartenir ni à un parti ni à une coalition, ils appartiennent à tous, à la France souvent oubliée dans les souvenirs que vous revendiquez. Tant que ces distinctions de partis , de communautés particulières se maintiendront , il n'y aura ni paix ni prospérité à attendre. Il pourra exister des hommes d'un scrupuleux honneur, des hommes fidèles aux préjugés de leur position , à des engagements. de partis; il n'existera pas des hommes dévoués avant tout au pays.

Ce serait une grande erreur de croire qu'une coalition pût vaincre le socialisme. La coalition entre d'anciens partis n'est qu'une agrégation de corps hétérogènes , dont le moindre effort opère la séparation. Il peut y avoir entr'eux connexité de principes d'ordre matériel, il n'y a pas connexité de principes d'ordre moral. Ce n'est point un faisceau de verges dociles et droites, qui représente le symbole de la puissance ; c'est un assemblage de tiges inflexibles qui brisent bientôt les liens qui les réunissent. Dans la coalition des partis les mains se joignent , les cœurs se repoussent ; les hommes s'excluent plutôt qu'ils ne s'allient ; les regards même expriment la méfiance. Or , il faut une confiance entière entre les membres d'une association pour qu'il y ait concert, volonté unique, énergie. Le concours n'est pas sincère, si chacun peut craindre d'être sacrifié à un dessein secret. Le socialisme n'est pas un ennemi qu'on puisse vaincre dans un seul combat. Sa force principale réside dans l'idée qui flatte et excite les mauvaises passions. On doit le combattre dans toutes ses manifestations, soit par le fer s'il a recours aux armes, soit par la propagation des principes d'ordre, s'il s'en tient au prosélytisme. Mais, tant que le plus léger indice de la division des forces coalisées existera, le socialisme ne sera pas vaincu. C'est l'espoir du succès, plus que la conviction de ses doctrines qui le soutient. Il compte sur la scission des partis. Au premier signal de la rupture, il reparaîtra plus fort que jamais. Point d'illusions, point de leurre ; il n'est que la vérité qui sauve.

Les moyens coercitifs ne suffisent pas pour ruiner des doctrines, pour détruire des sectes ; il faut avec eux l'action plus puissante encore de la force morale, qui seule ne se presse pas, ne se décourage pas, ne se dissout pas, qui puise la persévérance et l'énergie dans le sentiment qui l'a fait naître. La force morale ne peut exister aujourd'hui que dans la République, où doivent se fondre tous les partis, et l'ordre sera aussi la conséquence de cette fusion.

C'est à la République qu'il appartient de faire l'application des deux grands principes qui ont aujourd'hui l'assentiment général, conquêtes réelles de la révolution. La souveraineté du peuple garantie par le suffrage universel, l'égalité par l'admission de tous aux emplois et aux honneurs, sous la condition de la capacité et du savoir. Dans la République seule ces deux principes peuvent être de l'essence du gouvernement et se mettre en harmonie avec sa forme politique. Proclamés comme des vérités à l'avènement d'une monarchie, ils deviennent bientôt des fictions. C'est à la République de faire fructifier ces principes en faveur des classes laborieuses, de faire entrer celles-ci par le travail dans les conditions d'une société de progrès, d'amélioration générale, d'équitable répartition ; mais aussi dans les conditions d'une société définie, d'ordre et de liberté, où les théories insensées qui méconnaissent les tendances de l'humanité, en lui enlevant le mobile de l'activité par un nivellement absolu, sont aussi funestes, aussi fausses que les systèmes d'exclusion et de privilége. Le danger du principe de l'égalité n'est que dans l'abus, comme il existe dans l'abus des meilleures choses. Son extension exagérée en détruit le véritable caractère, l'admissibilité, caractère libéral et conservateur à la fois de la société. L'égalité agrandit le cercle de la civilisation ; de méchants esprits seuls peuvent penser que la logique consiste à en faire le champ sans limites de la barbarie. La logique ne peut consister à outrer les principes. Il n'est pas de maxime de la sagesse humaine dont on ne puisse abuser. Les Stoïciens ont outré la morale elle-même. La justesse d'esprit existe dans les masses, lorsque les passions déréglées ne la faussent pas.

Mais les passions anarchiques cherchent surtout des prétextes pour excuser leurs actes coupables ; ces prétextes se trouvent dans les gouvernements dont les principes écrits en tête de leur constitution ne sont pas en rapport avec les tendances de leur nature. Ces gouvernements sans logique et conséquemment sans règles certaines de leur justice peuvent avoir les moyens de soumettre les conduites, mais non les consciences ; la répression de leur part devient un nouveau prétexte donné à l'insurrection.

La République, en appelant tous les Français au partage des droits politiques, établit la base de son autorité dans la nation entière. Si elle donne carrière à l'ambition ascendante, elle possède seule la force capable de la refouler dans ses téméraires élans, de la ramener dans ses écarts désordonnés, de l'abattre dans ses tentatives criminelles. Seule elle peut faire justice de ces abstractions de l'esprit, de toutes ces chimères dont l'invasion calamiteuse ne tend qu'à compromettre l'application des vues pratiques, des idées réalisables. Elle prend la règle de sa conduite dans la conscience de ses droits et de ses devoirs. Sans passion comme sans faiblesse, ou plutôt animée de la passion du bien public, elle mesure sa force aux dangers de la société. Assez puissante pour étreindre la révolte et l'étouffer dans ses bras, elle la livre, sans excès de colère, à la rigueur de la loi. La République a déjà fait ses preuves dans la formidable attaque du mois de juin. Quelle est la monarchie qui n'y eût pas succombé, ou qui eût montré comme elle l'union du courage et de la force à la modération ?

Un obstacle réel à l'affermissement de la République, c'est la méfiance qu'inspire son nom. Ses ennemis les plus dangereux sont ceux qui ont

tiennent la crainte, en professant de funestes doctrines puisées au temps les plus déplorables de la première révolution , en voulant ne la recommander
que par ses excès; ceux dont les espérances im-
pies se fondent sur une extrême misère du peuple , qu'ils appellent de tous leurs vœux, par tous
leurs actes pour en accuser la République elle-
même, et tenter alors de la renverser. Que sous un
gouvernement fort , modéré , moral surtout, la
France puisse respirer quelques années dans l'ordre et la liberté, et les ennemis de la République
seront réduits au désespoir de leur impuisance ;
et la République vivra. La France n'est-elle pas
calomniée, lorsqu'on dit que la République y est
impossible ?

Elle est impossible, si le manque de confiance
équivaut à un manque de vertu ; si l'assentiment sincère n'existe pas; si ceux qu'elle croit
avoir ralliés sous son drapeau conspirent contre
elle; si, établie pour réparer les fautes des gouvernements déchus, elle renchérit sur leurs défauts; si la fortune publique est une proie offerte
à ceux qui osent sans pudeur. Elle est impossible , si sa politique est aussi l'art avili d'intri-
guer, d'affaiblir, de diviser pour mieux dominer;
si elle ne sait saisir dans les provinces que les fils
de sa trame administrative, et craint d'y faire mou-
voir leurs vigoureux ressorts. Elle est impossible,
enfin, si la science vaste et sublime du gouvernement se réduit à celle d'un combat dans les rues
de Paris; si cette science n'est plus, comme on l'a

dit si faussement de la guerre, qu'un jeu de la force et du hasard.

Mais la République sera possible, lorsqu'on voudra comprendre qu'après les coups de foudre qui deux fois, en quelques années, ont renversé le trône et brisé le toit sous lequel s'abritait la France, il n'y a de sûr asile que dans le sein de la République; que sa loi, organe de la volonté de tous, est la seule égide qui puisse la protéger contre la guerre civile. Elle sera possible, lorsque les dépositaires du pouvoir, donnant les premiers l'exemple d'un respect religieux pour la Constitution, sauront lui imprimer un caractère sacré. Elle sera possible, enfin, lorsque les hommes d'intelligence, de courage et de probité voudront qu'elle le soit; lorsqu'ils ambitionneront le suprême honneur de prouver au monde, en fondant une République modérée, qu'aucune gloire ne manque à la France.

Et maintenant, mes chers concitoyens, quels sont les hommes auxquels nous devons donner nos suffrages pour l'Assemblée législative? Aux hommes honnêtes, sans exclusion d'aucun parti, à ceux qui nous diront, en mettant la main sur le cœur : nous voulons, nous ne voulons que la République.

J.-L. LUGAN (de Cette).

(Ancien élève de l'école Polytechnique.)

Toulouse, le 28 avril 1849.

P. S. En mettant au jour cet écrit, je prévois le blâme qu'il pourra encourir. Le point essentiel, sans doute, de la difficulté actuelle est dans la question sociale et non dans la question politique. C'était ce que chacun disait et c'était aussi mon avis. Mais lorsque j'ai vu, de tous les côtés, les drapeaux des anciens partis arborés par les comités électoraux, j'ai pensé qu'en appelant les électeurs du département sous le drapeau de la République, le seul drapeau à l'ombre duquel la conciliation puisse sincèrement s'opérer, je devais leur présenter l'enchaînement des faits qui le rendent le véritable symbole de l'ordre et de la liberté. Ce n'est guère le moment de faire de longs discours, je le sais ; on risque fort, dans ce cas, de n'être pas écouté. Mais les opinions sont si incertaines aujourd'hui ; comment chercher à les éclairer, si ce n'est par un examen consciencieux de la question qui fait l'objet des doutes ? Peut-être quelques personnes, en parcourant ce travail d'un œil distrait, laisseront tomber leurs regards sur un passage qui se trouvera en rapport avec leur pensée, et qui pourra les résoudre à le lire entièrement. Puissent-elles y voir l'esprit de conciliation qui l'a dicté et y puiser le désir de travailler de cœur à l'affermissement de la République, en dépit des desseins secrets ou avoués des anciens partis ; c'est là tout ce que je peux espérer.

L. L.

Toulouse. — Imp. de Bonnal et Gibrac, r. St-Rome, 46